Name _____

Address _____

_____

_____

_____

_____

Blank Classic

Blank Classic

Control Your Chaos
To-Do List Notebook
117 numbered pages - 120 total pages
A5 (5.83 x 8.27)

Design © 2020 Blank Classics

Mailing address:
Blank Classic
PO BOX 4608
Main Station Terminal
349 West Georgia Street
Vancouver, BC
Canada, V6B 4A1

Cover design by: Lauren Dick

ISBN: 978-1-77476-038-3

FIRST EDITION / FIRST PRINTING

to-do list

date:

top priority

- [ ] _____
- [ ] _____
- [ ] _____

- [ ] _____
- [ ] _____
- [ ] _____

everything else

- [ ] _____
- [ ] _____
- [ ] _____
- [ ] _____
- [ ] _____
- [ ] _____
- [ ] _____
- [ ] _____
- [ ] _____
- [ ] _____

- [ ] _____
- [ ] _____
- [ ] _____
- [ ] _____
- [ ] _____
- [ ] _____
- [ ] _____
- [ ] _____
- [ ] _____
- [ ] _____

to-do list

date:

top priority

☐ _____ ☐ _____

☐ _____ ☐ _____

☐ _____ ☐ _____

everything else

☐ _____ ☐ _____

☐ _____ ☐ _____

☐ _____ ☐ _____

☐ _____ ☐ _____

☐ _____ ☐ _____

☐ _____ ☐ _____

☐ _____ ☐ _____

☐ _____ ☐ _____

☐ _____ ☐ _____

☐ _____ ☐ _____

to-do list

date:

top priority

- [ ] _____
- [ ] _____
- [ ] _____

- [ ] _____
- [ ] _____
- [ ] _____

everything else

- [ ] _____
- [ ] _____
- [ ] _____
- [ ] _____
- [ ] _____
- [ ] _____
- [ ] _____
- [ ] _____
- [ ] _____
- [ ] _____

- [ ] _____
- [ ] _____
- [ ] _____
- [ ] _____
- [ ] _____
- [ ] _____
- [ ] _____
- [ ] _____
- [ ] _____
- [ ] _____

to-do list

top priority

- [ ] _____
- [ ] _____
- [ ] _____

- [ ] _____
- [ ] _____
- [ ] _____

everything else

- [ ] _____
- [ ] _____
- [ ] _____
- [ ] _____
- [ ] _____
- [ ] _____
- [ ] _____
- [ ] _____
- [ ] _____
- [ ] _____

- [ ] _____
- [ ] _____
- [ ] _____
- [ ] _____
- [ ] _____
- [ ] _____
- [ ] _____
- [ ] _____
- [ ] _____
- [ ] _____

to-do list

date:

top priority

- [ ] _____
- [ ] _____
- [ ] _____
- [ ] _____
- [ ] _____
- [ ] _____

everything else

- [ ] _____
- [ ] _____
- [ ] _____
- [ ] _____
- [ ] _____
- [ ] _____
- [ ] _____
- [ ] _____
- [ ] _____
- [ ] _____
- [ ] _____
- [ ] _____
- [ ] _____
- [ ] _____
- [ ] _____
- [ ] _____
- [ ] _____
- [ ] _____

to-do list

date:

top priority

☐ _____   ☐ _____

☐ _____   ☐ _____

☐ _____   ☐ _____

everything else

☐ _____   ☐ _____

☐ _____   ☐ _____

☐ _____   ☐ _____

☐ _____   ☐ _____

☐ _____   ☐ _____

☐ _____   ☐ _____

☐ _____   ☐ _____

☐ _____   ☐ _____

☐ _____   ☐ _____

☐ _____   ☐ _____

to-do list

date:

top priority

- [ ] _____
- [ ] _____
- [ ] _____

- [ ] _____
- [ ] _____
- [ ] _____

everything else

- [ ] _____
- [ ] _____
- [ ] _____
- [ ] _____
- [ ] _____
- [ ] _____
- [ ] _____
- [ ] _____
- [ ] _____
- [ ] _____

- [ ] _____
- [ ] _____
- [ ] _____
- [ ] _____
- [ ] _____
- [ ] _____
- [ ] _____
- [ ] _____
- [ ] _____
- [ ] _____

to-do list

date:

top priority

☐ _____ ☐ _____

☐ _____ ☐ _____

☐ _____ ☐ _____

everything else

☐ _____ ☐ _____

☐ _____ ☐ _____

☐ _____ ☐ _____

☐ _____ ☐ _____

☐ _____ ☐ _____

☐ _____ ☐ _____

☐ _____ ☐ _____

☐ _____ ☐ _____

☐ _____ ☐ _____

☐ _____ ☐ _____

to-do list

top priority

- [ ] _____
- [ ] _____
- [ ] _____

- [ ] _____
- [ ] _____
- [ ] _____

everything else

- [ ] _____
- [ ] _____
- [ ] _____
- [ ] _____
- [ ] _____
- [ ] _____
- [ ] _____
- [ ] _____
- [ ] _____

- [ ] _____
- [ ] _____
- [ ] _____
- [ ] _____
- [ ] _____
- [ ] _____
- [ ] _____
- [ ] _____
- [ ] _____

to-do list

date:

top priority

- [ ] _____
- [ ] _____
- [ ] _____

- [ ] _____
- [ ] _____
- [ ] _____

everything else

- [ ] _____
- [ ] _____
- [ ] _____
- [ ] _____
- [ ] _____
- [ ] _____
- [ ] _____
- [ ] _____
- [ ] _____
- [ ] _____

- [ ] _____
- [ ] _____
- [ ] _____
- [ ] _____
- [ ] _____
- [ ] _____
- [ ] _____
- [ ] _____
- [ ] _____
- [ ] _____

to-do list

date:

top priority

- [ ] _____
- [ ] _____
- [ ] _____

- [ ] _____
- [ ] _____
- [ ] _____

everything else

- [ ] _____
- [ ] _____
- [ ] _____
- [ ] _____
- [ ] _____
- [ ] _____
- [ ] _____
- [ ] _____

- [ ] _____
- [ ] _____
- [ ] _____
- [ ] _____
- [ ] _____
- [ ] _____
- [ ] _____
- [ ] _____

to-do list

date:

top priority

- [ ] _____
- [ ] _____
- [ ] _____

- [ ] _____
- [ ] _____
- [ ] _____

everything else

- [ ] _____
- [ ] _____
- [ ] _____
- [ ] _____
- [ ] _____
- [ ] _____
- [ ] _____
- [ ] _____
- [ ] _____

- [ ] _____
- [ ] _____
- [ ] _____
- [ ] _____
- [ ] _____
- [ ] _____
- [ ] _____
- [ ] _____
- [ ] _____

to-do list

top priority

- [ ] _____
- [ ] _____
- [ ] _____

- [ ] _____
- [ ] _____
- [ ] _____

everything else

- [ ] _____
- [ ] _____
- [ ] _____
- [ ] _____
- [ ] _____
- [ ] _____
- [ ] _____
- [ ] _____
- [ ] _____
- [ ] _____

- [ ] _____
- [ ] _____
- [ ] _____
- [ ] _____
- [ ] _____
- [ ] _____
- [ ] _____
- [ ] _____
- [ ] _____
- [ ] _____

to-do list

date:

top priority

☐ _____   ☐ _____

☐ _____   ☐ _____

☐ _____   ☐ _____

everything else

☐ _____   ☐ _____

☐ _____   ☐ _____

☐ _____   ☐ _____

☐ _____   ☐ _____

☐ _____   ☐ _____

☐ _____   ☐ _____

☐ _____   ☐ _____

☐ _____   ☐ _____

☐ _____   ☐ _____

☐ _____   ☐ _____

to-do list

top priority

- [ ] _____
- [ ] _____
- [ ] _____

- [ ] _____
- [ ] _____
- [ ] _____

everything else

- [ ] _____
- [ ] _____
- [ ] _____
- [ ] _____
- [ ] _____
- [ ] _____
- [ ] _____
- [ ] _____
- [ ] _____

- [ ] _____
- [ ] _____
- [ ] _____
- [ ] _____
- [ ] _____
- [ ] _____
- [ ] _____
- [ ] _____
- [ ] _____

to-do list

date:

top priority

- [ ] _____
- [ ] _____
- [ ] _____

- [ ] _____
- [ ] _____
- [ ] _____

everything else

- [ ] _____
- [ ] _____
- [ ] _____
- [ ] _____
- [ ] _____
- [ ] _____
- [ ] _____
- [ ] _____
- [ ] _____
- [ ] _____

- [ ] _____
- [ ] _____
- [ ] _____
- [ ] _____
- [ ] _____
- [ ] _____
- [ ] _____
- [ ] _____
- [ ] _____
- [ ] _____

to-do list

date:

top priority

- [ ] _____
- [ ] _____
- [ ] _____

- [ ] _____
- [ ] _____
- [ ] _____

everything else

- [ ] _____
- [ ] _____
- [ ] _____
- [ ] _____
- [ ] _____
- [ ] _____
- [ ] _____
- [ ] _____
- [ ] _____

- [ ] _____
- [ ] _____
- [ ] _____
- [ ] _____
- [ ] _____
- [ ] _____
- [ ] _____
- [ ] _____
- [ ] _____

to-do list

date:

top priority

☐ _____ ☐ _____

☐ _____ ☐ _____

☐ _____ ☐ _____

everything else

☐ _____ ☐ _____

☐ _____ ☐ _____

☐ _____ ☐ _____

☐ _____ ☐ _____

☐ _____ ☐ _____

☐ _____ ☐ _____

☐ _____ ☐ _____

☐ _____ ☐ _____

☐ _____ ☐ _____

☐ _____ ☐ _____

to-do list

date:

top priority

☐ _____

☐ _____

☐ _____

☐ _____

☐ _____

☐ _____

everything else

☐ _____

☐ _____

☐ _____

☐ _____

☐ _____

☐ _____

☐ _____

☐ _____

☐ _____

☐ _____

☐ _____

☐ _____

☐ _____

☐ _____

☐ _____

☐ _____

☐ _____

☐ _____

to-do list

date:

top priority

☐ _____   ☐ _____

☐ _____   ☐ _____

☐ _____   ☐ _____

everything else

☐ _____   ☐ _____

☐ _____   ☐ _____

☐ _____   ☐ _____

☐ _____   ☐ _____

☐ _____   ☐ _____

☐ _____   ☐ _____

☐ _____   ☐ _____

☐ _____   ☐ _____

☐ _____   ☐ _____

☐ _____   ☐ _____

to-do list

date:

top priority

- [ ] _____
- [ ] _____
- [ ] _____

- [ ] _____
- [ ] _____
- [ ] _____

everything else

- [ ] _____
- [ ] _____
- [ ] _____
- [ ] _____
- [ ] _____
- [ ] _____
- [ ] _____
- [ ] _____
- [ ] _____
- [ ] _____

- [ ] _____
- [ ] _____
- [ ] _____
- [ ] _____
- [ ] _____
- [ ] _____
- [ ] _____
- [ ] _____
- [ ] _____
- [ ] _____

to-do list

date:

top priority

☐ _____

☐ _____

☐ _____

☐ _____

☐ _____

☐ _____

everything else

☐ _____

☐ _____

☐ _____

☐ _____

☐ _____

☐ _____

☐ _____

☐ _____

☐ _____

☐ _____

☐ _____

☐ _____

☐ _____

☐ _____

☐ _____

☐ _____

☐ _____

☐ _____

to-do list

date:

top priority

- [ ] _____
- [ ] _____
- [ ] _____

- [ ] _____
- [ ] _____
- [ ] _____

everything else

- [ ] _____
- [ ] _____
- [ ] _____
- [ ] _____
- [ ] _____
- [ ] _____
- [ ] _____
- [ ] _____
- [ ] _____

- [ ] _____
- [ ] _____
- [ ] _____
- [ ] _____
- [ ] _____
- [ ] _____
- [ ] _____
- [ ] _____
- [ ] _____

to-do list

top priority

- [ ] _____
- [ ] _____
- [ ] _____

- [ ] _____
- [ ] _____
- [ ] _____

everything else

- [ ] _____
- [ ] _____
- [ ] _____
- [ ] _____
- [ ] _____
- [ ] _____
- [ ] _____
- [ ] _____
- [ ] _____

- [ ] _____
- [ ] _____
- [ ] _____
- [ ] _____
- [ ] _____
- [ ] _____
- [ ] _____
- [ ] _____
- [ ] _____

to-do list

date:

top priority

- [ ] _____
- [ ] _____
- [ ] _____

- [ ] _____
- [ ] _____
- [ ] _____

everything else

- [ ] _____
- [ ] _____
- [ ] _____
- [ ] _____
- [ ] _____
- [ ] _____
- [ ] _____
- [ ] _____
- [ ] _____
- [ ] _____

- [ ] _____
- [ ] _____
- [ ] _____
- [ ] _____
- [ ] _____
- [ ] _____
- [ ] _____
- [ ] _____
- [ ] _____
- [ ] _____

to-do list

top priority

☐ _____   ☐ _____

☐ _____   ☐ _____

☐ _____   ☐ _____

everything else

☐ _____   ☐ _____

☐ _____   ☐ _____

☐ _____   ☐ _____

☐ _____   ☐ _____

☐ _____   ☐ _____

☐ _____   ☐ _____

☐ _____   ☐ _____

☐ _____   ☐ _____

☐ _____   ☐ _____

☐ _____   ☐ _____

to-do list

date:

top priority

- [ ] _____
- [ ] _____
- [ ] _____

- [ ] _____
- [ ] _____
- [ ] _____

everything else

- [ ] _____
- [ ] _____
- [ ] _____
- [ ] _____
- [ ] _____
- [ ] _____
- [ ] _____
- [ ] _____
- [ ] _____
- [ ] _____

- [ ] _____
- [ ] _____
- [ ] _____
- [ ] _____
- [ ] _____
- [ ] _____
- [ ] _____
- [ ] _____
- [ ] _____
- [ ] _____

to-do list

date:

top priority

- [ ] _____
- [ ] _____
- [ ] _____

- [ ] _____
- [ ] _____
- [ ] _____

everything else

- [ ] _____
- [ ] _____
- [ ] _____
- [ ] _____
- [ ] _____
- [ ] _____
- [ ] _____
- [ ] _____
- [ ] _____

- [ ] _____
- [ ] _____
- [ ] _____
- [ ] _____
- [ ] _____
- [ ] _____
- [ ] _____
- [ ] _____
- [ ] _____

to-do list

date:

top priority

- [ ] _____
- [ ] _____
- [ ] _____

- [ ] _____
- [ ] _____
- [ ] _____

everything else

- [ ] _____
- [ ] _____
- [ ] _____
- [ ] _____
- [ ] _____
- [ ] _____
- [ ] _____
- [ ] _____
- [ ] _____
- [ ] _____

- [ ] _____
- [ ] _____
- [ ] _____
- [ ] _____
- [ ] _____
- [ ] _____
- [ ] _____
- [ ] _____
- [ ] _____
- [ ] _____

to-do list

top priority

☐ _____   ☐ _____

☐ _____   ☐ _____

☐ _____   ☐ _____

everything else

☐ _____   ☐ _____

☐ _____   ☐ _____

☐ _____   ☐ _____

☐ _____   ☐ _____

☐ _____   ☐ _____

☐ _____   ☐ _____

☐ _____   ☐ _____

☐ _____   ☐ _____

☐ _____   ☐ _____

☐ _____   ☐ _____

to-do list

date:

top priority

- [ ] _____
- [ ] _____
- [ ] _____

- [ ] _____
- [ ] _____
- [ ] _____

everything else

- [ ] _____
- [ ] _____
- [ ] _____
- [ ] _____
- [ ] _____
- [ ] _____
- [ ] _____
- [ ] _____
- [ ] _____
- [ ] _____

- [ ] _____
- [ ] _____
- [ ] _____
- [ ] _____
- [ ] _____
- [ ] _____
- [ ] _____
- [ ] _____
- [ ] _____
- [ ] _____

to-do list

date:

top priority

- [ ] _____
- [ ] _____
- [ ] _____

- [ ] _____
- [ ] _____
- [ ] _____

everything else

- [ ] _____
- [ ] _____
- [ ] _____
- [ ] _____
- [ ] _____
- [ ] _____
- [ ] _____
- [ ] _____
- [ ] _____

- [ ] _____
- [ ] _____
- [ ] _____
- [ ] _____
- [ ] _____
- [ ] _____
- [ ] _____
- [ ] _____
- [ ] _____

to-do list

top priority

- ☐ _____
- ☐ _____
- ☐ _____

- ☐ _____
- ☐ _____
- ☐ _____

everything else

- ☐ _____
- ☐ _____
- ☐ _____
- ☐ _____
- ☐ _____
- ☐ _____
- ☐ _____
- ☐ _____

- ☐ _____
- ☐ _____
- ☐ _____
- ☐ _____
- ☐ _____
- ☐ _____
- ☐ _____
- ☐ _____

to-do list

date:

top priority

- [ ] _____
- [ ] _____
- [ ] _____

- [ ] _____
- [ ] _____
- [ ] _____

everything else

- [ ] _____
- [ ] _____
- [ ] _____
- [ ] _____
- [ ] _____
- [ ] _____
- [ ] _____
- [ ] _____
- [ ] _____
- [ ] _____

- [ ] _____
- [ ] _____
- [ ] _____
- [ ] _____
- [ ] _____
- [ ] _____
- [ ] _____
- [ ] _____
- [ ] _____
- [ ] _____

to-do list

date:

top priority

- [ ] _____
- [ ] _____
- [ ] _____

- [ ] _____
- [ ] _____
- [ ] _____

everything else

- [ ] _____
- [ ] _____
- [ ] _____
- [ ] _____
- [ ] _____
- [ ] _____
- [ ] _____
- [ ] _____
- [ ] _____

- [ ] _____
- [ ] _____
- [ ] _____
- [ ] _____
- [ ] _____
- [ ] _____
- [ ] _____
- [ ] _____
- [ ] _____

to-do list

date:

top priority

☐ _____
☐ _____
☐ _____

☐ _____
☐ _____
☐ _____

everything else

☐ _____
☐ _____
☐ _____
☐ _____
☐ _____
☐ _____
☐ _____
☐ _____
☐ _____
☐ _____

☐ _____
☐ _____
☐ _____
☐ _____
☐ _____
☐ _____
☐ _____
☐ _____
☐ _____
☐ _____

to-do list

date:

top priority

- [ ] _____
- [ ] _____
- [ ] _____

- [ ] _____
- [ ] _____
- [ ] _____

everything else

- [ ] _____
- [ ] _____
- [ ] _____
- [ ] _____
- [ ] _____
- [ ] _____
- [ ] _____
- [ ] _____
- [ ] _____
- [ ] _____

- [ ] _____
- [ ] _____
- [ ] _____
- [ ] _____
- [ ] _____
- [ ] _____
- [ ] _____
- [ ] _____
- [ ] _____
- [ ] _____

to-do list

date:

top priority

- [ ] _____
- [ ] _____
- [ ] _____

- [ ] _____
- [ ] _____
- [ ] _____

everything else

- [ ] _____
- [ ] _____
- [ ] _____
- [ ] _____
- [ ] _____
- [ ] _____
- [ ] _____
- [ ] _____
- [ ] _____
- [ ] _____

- [ ] _____
- [ ] _____
- [ ] _____
- [ ] _____
- [ ] _____
- [ ] _____
- [ ] _____
- [ ] _____
- [ ] _____
- [ ] _____

to-do list

date:

top priority

☐ _____

☐ _____

☐ _____

☐ _____

☐ _____

☐ _____

everything else

☐ _____

☐ _____

☐ _____

☐ _____

☐ _____

☐ _____

☐ _____

☐ _____

☐ _____

☐ _____

☐ _____

☐ _____

☐ _____

☐ _____

☐ _____

☐ _____

☐ _____

☐ _____

to-do list

date:

top priority

☐ _____   ☐ _____

☐ _____   ☐ _____

☐ _____   ☐ _____

everything else

☐ _____   ☐ _____

☐ _____   ☐ _____

☐ _____   ☐ _____

☐ _____   ☐ _____

☐ _____   ☐ _____

☐ _____   ☐ _____

☐ _____   ☐ _____

☐ _____   ☐ _____

☐ _____   ☐ _____

to-do list

date:

top priority

- [ ] _____
- [ ] _____
- [ ] _____

- [ ] _____
- [ ] _____
- [ ] _____

everything else

- [ ] _____
- [ ] _____
- [ ] _____
- [ ] _____
- [ ] _____
- [ ] _____
- [ ] _____
- [ ] _____

- [ ] _____
- [ ] _____
- [ ] _____
- [ ] _____
- [ ] _____
- [ ] _____
- [ ] _____
- [ ] _____

to-do list

date:

top priority

- [ ] _____
- [ ] _____
- [ ] _____

- [ ] _____
- [ ] _____
- [ ] _____

everything else

- [ ] _____
- [ ] _____
- [ ] _____
- [ ] _____
- [ ] _____
- [ ] _____
- [ ] _____
- [ ] _____
- [ ] _____

- [ ] _____
- [ ] _____
- [ ] _____
- [ ] _____
- [ ] _____
- [ ] _____
- [ ] _____
- [ ] _____
- [ ] _____

to-do list

date:

top priority

- [ ] _____
- [ ] _____
- [ ] _____

- [ ] _____
- [ ] _____
- [ ] _____

everything else

- [ ] _____
- [ ] _____
- [ ] _____
- [ ] _____
- [ ] _____
- [ ] _____
- [ ] _____
- [ ] _____
- [ ] _____

- [ ] _____
- [ ] _____
- [ ] _____
- [ ] _____
- [ ] _____
- [ ] _____
- [ ] _____
- [ ] _____
- [ ] _____

to-do list

date:

top priority

☐ _____   ☐ _____

☐ _____   ☐ _____

☐ _____   ☐ _____

everything else

☐ _____   ☐ _____

☐ _____   ☐ _____

☐ _____   ☐ _____

☐ _____   ☐ _____

☐ _____   ☐ _____

☐ _____   ☐ _____

☐ _____   ☐ _____

☐ _____   ☐ _____

☐ _____   ☐ _____

to-do list

date:

top priority

- [ ] _____
- [ ] _____
- [ ] _____

- [ ] _____
- [ ] _____
- [ ] _____

everything else

- [ ] _____
- [ ] _____
- [ ] _____
- [ ] _____
- [ ] _____
- [ ] _____
- [ ] _____
- [ ] _____
- [ ] _____
- [ ] _____

- [ ] _____
- [ ] _____
- [ ] _____
- [ ] _____
- [ ] _____
- [ ] _____
- [ ] _____
- [ ] _____
- [ ] _____
- [ ] _____

to-do list

top priority

- [ ] _____
- [ ] _____
- [ ] _____

- [ ] _____
- [ ] _____
- [ ] _____

everything else

- [ ] _____
- [ ] _____
- [ ] _____
- [ ] _____
- [ ] _____
- [ ] _____
- [ ] _____
- [ ] _____
- [ ] _____
- [ ] _____

- [ ] _____
- [ ] _____
- [ ] _____
- [ ] _____
- [ ] _____
- [ ] _____
- [ ] _____
- [ ] _____
- [ ] _____
- [ ] _____

to-do list

date:

top priority

☐ _____ ☐ _____

☐ _____ ☐ _____

☐ _____ ☐ _____

everything else

☐ _____ ☐ _____

☐ _____ ☐ _____

☐ _____ ☐ _____

☐ _____ ☐ _____

☐ _____ ☐ _____

☐ _____ ☐ _____

☐ _____ ☐ _____

☐ _____ ☐ _____

☐ _____ ☐ _____

to-do list

date:

top priority

☐ _____   ☐ _____

☐ _____   ☐ _____

☐ _____   ☐ _____

everything else

☐ _____   ☐ _____

☐ _____   ☐ _____

☐ _____   ☐ _____

☐ _____   ☐ _____

☐ _____   ☐ _____

☐ _____   ☐ _____

☐ _____   ☐ _____

☐ _____   ☐ _____

☐ _____   ☐ _____

☐ _____   ☐ _____

to-do list

top priority

☐ _____

☐ _____

☐ _____

☐ _____

☐ _____

☐ _____

everything else

☐ _____

☐ _____

☐ _____

☐ _____

☐ _____

☐ _____

☐ _____

☐ _____

☐ _____

☐ _____

☐ _____

☐ _____

☐ _____

☐ _____

☐ _____

☐ _____

☐ _____

☐ _____

to-do list

date:

top priority

- [ ] _____
- [ ] _____
- [ ] _____
- [ ] _____
- [ ] _____
- [ ] _____

everything else

- [ ] _____
- [ ] _____
- [ ] _____
- [ ] _____
- [ ] _____
- [ ] _____
- [ ] _____
- [ ] _____
- [ ] _____
- [ ] _____
- [ ] _____
- [ ] _____
- [ ] _____
- [ ] _____
- [ ] _____
- [ ] _____
- [ ] _____
- [ ] _____
- [ ] _____
- [ ] _____

to-do list

date:

top priority

☐ _____   ☐ _____

☐ _____   ☐ _____

☐ _____   ☐ _____

everything else

☐ _____   ☐ _____

☐ _____   ☐ _____

☐ _____   ☐ _____

☐ _____   ☐ _____

☐ _____   ☐ _____

☐ _____   ☐ _____

☐ _____   ☐ _____

☐ _____   ☐ _____

☐ _____   ☐ _____

☐ _____   ☐ _____

to-do list

date:

top priority

☐ _____   ☐ _____

☐ _____   ☐ _____

☐ _____   ☐ _____

everything else

☐ _____   ☐ _____

☐ _____   ☐ _____

☐ _____   ☐ _____

☐ _____   ☐ _____

☐ _____   ☐ _____

☐ _____   ☐ _____

☐ _____   ☐ _____

☐ _____   ☐ _____

☐ _____   ☐ _____

to-do list

date:

top priority

☐ _____
☐ _____
☐ _____

☐ _____
☐ _____
☐ _____

everything else

☐ _____
☐ _____
☐ _____
☐ _____
☐ _____
☐ _____
☐ _____
☐ _____

☐ _____
☐ _____
☐ _____
☐ _____
☐ _____
☐ _____
☐ _____
☐ _____

to-do list

date:

top priority

☐ _____

☐ _____

☐ _____

☐ _____

☐ _____

☐ _____

everything else

☐ _____

☐ _____

☐ _____

☐ _____

☐ _____

☐ _____

☐ _____

☐ _____

☐ _____

☐ _____

☐ _____

☐ _____

☐ _____

☐ _____

☐ _____

☐ _____

to-do list

date:

top priority

- [ ] _____
- [ ] _____
- [ ] _____

- [ ] _____
- [ ] _____
- [ ] _____

everything else

- [ ] _____
- [ ] _____
- [ ] _____
- [ ] _____
- [ ] _____
- [ ] _____
- [ ] _____
- [ ] _____
- [ ] _____

- [ ] _____
- [ ] _____
- [ ] _____
- [ ] _____
- [ ] _____
- [ ] _____
- [ ] _____
- [ ] _____
- [ ] _____

to-do list

date:

top priority

☐ _____   ☐ _____

☐ _____   ☐ _____

☐ _____   ☐ _____

everything else

☐ _____   ☐ _____

☐ _____   ☐ _____

☐ _____   ☐ _____

☐ _____   ☐ _____

☐ _____   ☐ _____

☐ _____   ☐ _____

☐ _____   ☐ _____

☐ _____   ☐ _____

☐ _____   ☐ _____

to-do list

date:

top priority

- [ ] _____
- [ ] _____
- [ ] _____

- [ ] _____
- [ ] _____
- [ ] _____

everything else

- [ ] _____
- [ ] _____
- [ ] _____
- [ ] _____
- [ ] _____
- [ ] _____
- [ ] _____
- [ ] _____
- [ ] _____

- [ ] _____
- [ ] _____
- [ ] _____
- [ ] _____
- [ ] _____
- [ ] _____
- [ ] _____
- [ ] _____
- [ ] _____

to-do list

date:

top priority

- [ ] _____
- [ ] _____
- [ ] _____

- [ ] _____
- [ ] _____
- [ ] _____

everything else

- [ ] _____
- [ ] _____
- [ ] _____
- [ ] _____
- [ ] _____
- [ ] _____
- [ ] _____
- [ ] _____
- [ ] _____
- [ ] _____

- [ ] _____
- [ ] _____
- [ ] _____
- [ ] _____
- [ ] _____
- [ ] _____
- [ ] _____
- [ ] _____
- [ ] _____
- [ ] _____

to-do list

date:

top priority

☐ _____ ☐ _____

☐ _____ ☐ _____

☐ _____ ☐ _____

everything else

☐ _____ ☐ _____

☐ _____ ☐ _____

☐ _____ ☐ _____

☐ _____ ☐ _____

☐ _____ ☐ _____

☐ _____ ☐ _____

☐ _____ ☐ _____

☐ _____ ☐ _____

☐ _____ ☐ _____

☐ _____ ☐ _____

to-do list

date:

top priority

☐ _____   ☐ _____

☐ _____   ☐ _____

☐ _____   ☐ _____

everything else

☐ _____   ☐ _____

☐ _____   ☐ _____

☐ _____   ☐ _____

☐ _____   ☐ _____

☐ _____   ☐ _____

☐ _____   ☐ _____

☐ _____   ☐ _____

☐ _____   ☐ _____

☐ _____   ☐ _____

to-do list

date:

top priority

- [ ] _____
- [ ] _____
- [ ] _____

- [ ] _____
- [ ] _____
- [ ] _____

everything else

- [ ] _____
- [ ] _____
- [ ] _____
- [ ] _____
- [ ] _____
- [ ] _____
- [ ] _____
- [ ] _____
- [ ] _____

- [ ] _____
- [ ] _____
- [ ] _____
- [ ] _____
- [ ] _____
- [ ] _____
- [ ] _____
- [ ] _____
- [ ] _____

to-do list

date:

top priority

☐ _____   ☐ _____

☐ _____   ☐ _____

☐ _____   ☐ _____

everything else

☐ _____   ☐ _____

☐ _____   ☐ _____

☐ _____   ☐ _____

☐ _____   ☐ _____

☐ _____   ☐ _____

☐ _____   ☐ _____

☐ _____   ☐ _____

☐ _____   ☐ _____

☐ _____   ☐ _____

☐ _____   ☐ _____

to-do list

date:

top priority

- [ ] _____
- [ ] _____
- [ ] _____

- [ ] _____
- [ ] _____
- [ ] _____

everything else

- [ ] _____
- [ ] _____
- [ ] _____
- [ ] _____
- [ ] _____
- [ ] _____
- [ ] _____
- [ ] _____
- [ ] _____

- [ ] _____
- [ ] _____
- [ ] _____
- [ ] _____
- [ ] _____
- [ ] _____
- [ ] _____
- [ ] _____
- [ ] _____

to-do list

date:

top priority

- [ ] _____
- [ ] _____
- [ ] _____

- [ ] _____
- [ ] _____
- [ ] _____

everything else

- [ ] _____
- [ ] _____
- [ ] _____
- [ ] _____
- [ ] _____
- [ ] _____
- [ ] _____
- [ ] _____
- [ ] _____
- [ ] _____

- [ ] _____
- [ ] _____
- [ ] _____
- [ ] _____
- [ ] _____
- [ ] _____
- [ ] _____
- [ ] _____
- [ ] _____
- [ ] _____

to-do list

top priority

- [ ] _____
- [ ] _____
- [ ] _____

- [ ] _____
- [ ] _____
- [ ] _____

everything else

- [ ] _____
- [ ] _____
- [ ] _____
- [ ] _____
- [ ] _____
- [ ] _____
- [ ] _____
- [ ] _____
- [ ] _____

- [ ] _____
- [ ] _____
- [ ] _____
- [ ] _____
- [ ] _____
- [ ] _____
- [ ] _____
- [ ] _____
- [ ] _____

to-do list

date:

top priority

☐ _____ ☐ _____

☐ _____ ☐ _____

☐ _____ ☐ _____

everything else

☐ _____ ☐ _____

☐ _____ ☐ _____

☐ _____ ☐ _____

☐ _____ ☐ _____

☐ _____ ☐ _____

☐ _____ ☐ _____

☐ _____ ☐ _____

☐ _____ ☐ _____

☐ _____ ☐ _____

to-do list

date:

top priority

☐ _____

☐ _____

☐ _____

☐ _____

☐ _____

☐ _____

everything else

☐ _____

☐ _____

☐ _____

☐ _____

☐ _____

☐ _____

☐ _____

☐ _____

☐ _____

☐ _____

☐ _____

☐ _____

☐ _____

☐ _____

☐ _____

☐ _____

☐ _____

☐ _____

to-do list

date:

top priority

- [ ] _____
- [ ] _____
- [ ] _____

- [ ] _____
- [ ] _____
- [ ] _____

everything else

- [ ] _____
- [ ] _____
- [ ] _____
- [ ] _____
- [ ] _____
- [ ] _____
- [ ] _____
- [ ] _____
- [ ] _____
- [ ] _____

- [ ] _____
- [ ] _____
- [ ] _____
- [ ] _____
- [ ] _____
- [ ] _____
- [ ] _____
- [ ] _____
- [ ] _____
- [ ] _____

to-do list

date:

top priority

☐ _____
☐ _____

☐ _____
☐ _____

☐ _____
☐ _____

everything else

☐ _____
☐ _____

☐ _____
☐ _____

☐ _____
☐ _____

☐ _____
☐ _____

☐ _____
☐ _____

☐ _____
☐ _____

☐ _____
☐ _____

☐ _____
☐ _____

☐ _____
☐ _____

to-do list

date:

top priority

- [ ] _____
- [ ] _____
- [ ] _____

- [ ] _____
- [ ] _____
- [ ] _____

everything else

- [ ] _____
- [ ] _____
- [ ] _____
- [ ] _____
- [ ] _____
- [ ] _____
- [ ] _____
- [ ] _____
- [ ] _____

- [ ] _____
- [ ] _____
- [ ] _____
- [ ] _____
- [ ] _____
- [ ] _____
- [ ] _____
- [ ] _____
- [ ] _____

to-do list

date:

top priority

☐ _____   ☐ _____

☐ _____   ☐ _____

☐ _____   ☐ _____

everything else

☐ _____   ☐ _____

☐ _____   ☐ _____

☐ _____   ☐ _____

☐ _____   ☐ _____

☐ _____   ☐ _____

☐ _____   ☐ _____

☐ _____   ☐ _____

☐ _____   ☐ _____

☐ _____   ☐ _____

to-do list

date:

top priority

☐ _____   ☐ _____

☐ _____   ☐ _____

☐ _____   ☐ _____

everything else

☐ _____   ☐ _____

☐ _____   ☐ _____

☐ _____   ☐ _____

☐ _____   ☐ _____

☐ _____   ☐ _____

☐ _____   ☐ _____

☐ _____   ☐ _____

☐ _____   ☐ _____

☐ _____   ☐ _____

☐ _____   ☐ _____

to-do list

date:

top priority

- [ ] _____
- [ ] _____
- [ ] _____

- [ ] _____
- [ ] _____
- [ ] _____

everything else

- [ ] _____
- [ ] _____
- [ ] _____
- [ ] _____
- [ ] _____
- [ ] _____
- [ ] _____
- [ ] _____
- [ ] _____

- [ ] _____
- [ ] _____
- [ ] _____
- [ ] _____
- [ ] _____
- [ ] _____
- [ ] _____
- [ ] _____
- [ ] _____

to-do list

date:

top priority

☐ _____   ☐ _____

☐ _____   ☐ _____

☐ _____   ☐ _____

everything else

☐ _____   ☐ _____

☐ _____   ☐ _____

☐ _____   ☐ _____

☐ _____   ☐ _____

☐ _____   ☐ _____

☐ _____   ☐ _____

☐ _____   ☐ _____

☐ _____   ☐ _____

☐ _____   ☐ _____

☐ _____   ☐ _____

to-do list

top priority

- [ ] _____
- [ ] _____
- [ ] _____

- [ ] _____
- [ ] _____
- [ ] _____

everything else

- [ ] _____
- [ ] _____
- [ ] _____
- [ ] _____
- [ ] _____
- [ ] _____
- [ ] _____
- [ ] _____
- [ ] _____
- [ ] _____

- [ ] _____
- [ ] _____
- [ ] _____
- [ ] _____
- [ ] _____
- [ ] _____
- [ ] _____
- [ ] _____
- [ ] _____
- [ ] _____

to-do list

date:

top priority

☐ _____ ☐ _____

☐ _____ ☐ _____

☐ _____ ☐ _____

everything else

☐ _____ ☐ _____

☐ _____ ☐ _____

☐ _____ ☐ _____

☐ _____ ☐ _____

☐ _____ ☐ _____

☐ _____ ☐ _____

☐ _____ ☐ _____

☐ _____ ☐ _____

☐ _____ ☐ _____

☐ _____ ☐ _____

to-do list

date:

top priority

☐ _____ ☐ _____

☐ _____ ☐ _____

☐ _____ ☐ _____

everything else

☐ _____ ☐ _____

☐ _____ ☐ _____

☐ _____ ☐ _____

☐ _____ ☐ _____

☐ _____ ☐ _____

☐ _____ ☐ _____

☐ _____ ☐ _____

☐ _____ ☐ _____

☐ _____ ☐ _____

to-do list

date:

top priority

☐ _____   ☐ _____

☐ _____   ☐ _____

☐ _____   ☐ _____

everything else

☐ _____   ☐ _____

☐ _____   ☐ _____

☐ _____   ☐ _____

☐ _____   ☐ _____

☐ _____   ☐ _____

☐ _____   ☐ _____

☐ _____   ☐ _____

☐ _____   ☐ _____

☐ _____   ☐ _____

to-do list

date:

top priority

- [ ] _____
- [ ] _____
- [ ] _____
- [ ] _____
- [ ] _____
- [ ] _____

everything else

- [ ] _____
- [ ] _____
- [ ] _____
- [ ] _____
- [ ] _____
- [ ] _____
- [ ] _____
- [ ] _____
- [ ] _____
- [ ] _____
- [ ] _____
- [ ] _____
- [ ] _____
- [ ] _____
- [ ] _____
- [ ] _____
- [ ] _____
- [ ] _____

to-do list

date:

top priority

- [ ] _____
- [ ] _____
- [ ] _____

- [ ] _____
- [ ] _____
- [ ] _____

everything else

- [ ] _____
- [ ] _____
- [ ] _____
- [ ] _____
- [ ] _____
- [ ] _____
- [ ] _____
- [ ] _____
- [ ] _____
- [ ] _____

- [ ] _____
- [ ] _____
- [ ] _____
- [ ] _____
- [ ] _____
- [ ] _____
- [ ] _____
- [ ] _____
- [ ] _____
- [ ] _____

to-do list

date:

top priority

- [ ] _____
- [ ] _____
- [ ] _____
- [ ] _____
- [ ] _____
- [ ] _____

everything else

- [ ] _____
- [ ] _____
- [ ] _____
- [ ] _____
- [ ] _____
- [ ] _____
- [ ] _____
- [ ] _____
- [ ] _____
- [ ] _____
- [ ] _____
- [ ] _____
- [ ] _____
- [ ] _____
- [ ] _____
- [ ] _____
- [ ] _____
- [ ] _____
- [ ] _____
- [ ] _____

to-do list

date:

top priority

☐ _____ ☐ _____

☐ _____ ☐ _____

☐ _____ ☐ _____

everything else

☐ _____ ☐ _____

☐ _____ ☐ _____

☐ _____ ☐ _____

☐ _____ ☐ _____

☐ _____ ☐ _____

☐ _____ ☐ _____

☐ _____ ☐ _____

☐ _____ ☐ _____

☐ _____ ☐ _____

☐ _____ ☐ _____

to-do list

date:

top priority

☐ _____   ☐ _____

☐ _____   ☐ _____

☐ _____   ☐ _____

everything else

☐ _____   ☐ _____

☐ _____   ☐ _____

☐ _____   ☐ _____

☐ _____   ☐ _____

☐ _____   ☐ _____

☐ _____   ☐ _____

☐ _____   ☐ _____

☐ _____   ☐ _____

☐ _____   ☐ _____

to-do list

date:

top priority

- [ ] _____
- [ ] _____
- [ ] _____

- [ ] _____
- [ ] _____
- [ ] _____

everything else

- [ ] _____
- [ ] _____
- [ ] _____
- [ ] _____
- [ ] _____
- [ ] _____
- [ ] _____
- [ ] _____
- [ ] _____
- [ ] _____

- [ ] _____
- [ ] _____
- [ ] _____
- [ ] _____
- [ ] _____
- [ ] _____
- [ ] _____
- [ ] _____
- [ ] _____
- [ ] _____

to-do list

date:

top priority

☐ _____

☐ _____

☐ _____

☐ _____

☐ _____

☐ _____

everything else

☐ _____

☐ _____

☐ _____

☐ _____

☐ _____

☐ _____

☐ _____

☐ _____

☐ _____

☐ _____

☐ _____

☐ _____

☐ _____

☐ _____

☐ _____

☐ _____

☐ _____

☐ _____

to-do list

date:

top priority

☐ _____
☐ _____
☐ _____

☐ _____
☐ _____
☐ _____

everything else

☐ _____
☐ _____
☐ _____
☐ _____
☐ _____
☐ _____
☐ _____
☐ _____
☐ _____

☐ _____
☐ _____
☐ _____
☐ _____
☐ _____
☐ _____
☐ _____
☐ _____
☐ _____

to-do list

date:

top priority

- [ ] _____
- [ ] _____
- [ ] _____

- [ ] _____
- [ ] _____
- [ ] _____

everything else

- [ ] _____
- [ ] _____
- [ ] _____
- [ ] _____
- [ ] _____
- [ ] _____
- [ ] _____
- [ ] _____
- [ ] _____

- [ ] _____
- [ ] _____
- [ ] _____
- [ ] _____
- [ ] _____
- [ ] _____
- [ ] _____
- [ ] _____
- [ ] _____

to-do list

date:

top priority

☐ _____   ☐ _____

☐ _____   ☐ _____

☐ _____   ☐ _____

everything else

☐ _____   ☐ _____

☐ _____   ☐ _____

☐ _____   ☐ _____

☐ _____   ☐ _____

☐ _____   ☐ _____

☐ _____   ☐ _____

☐ _____   ☐ _____

☐ _____   ☐ _____

☐ _____   ☐ _____

to-do list

date:

top priority

☐ _____

☐ _____

☐ _____

☐ _____

☐ _____

☐ _____

everything else

☐ _____

☐ _____

☐ _____

☐ _____

☐ _____

☐ _____

☐ _____

☐ _____

☐ _____

☐ _____

☐ _____

☐ _____

☐ _____

☐ _____

to-do list

date:

top priority

- [ ] _____
- [ ] _____
- [ ] _____

- [ ] _____
- [ ] _____
- [ ] _____

everything else

- [ ] _____
- [ ] _____
- [ ] _____
- [ ] _____
- [ ] _____
- [ ] _____
- [ ] _____
- [ ] _____
- [ ] _____

- [ ] _____
- [ ] _____
- [ ] _____
- [ ] _____
- [ ] _____
- [ ] _____
- [ ] _____
- [ ] _____
- [ ] _____

to-do list

date:

top priority

- [ ] _____
- [ ] _____
- [ ] _____

- [ ] _____
- [ ] _____
- [ ] _____

everything else

- [ ] _____
- [ ] _____
- [ ] _____
- [ ] _____
- [ ] _____
- [ ] _____
- [ ] _____
- [ ] _____
- [ ] _____

- [ ] _____
- [ ] _____
- [ ] _____
- [ ] _____
- [ ] _____
- [ ] _____
- [ ] _____
- [ ] _____
- [ ] _____

to-do list

date:

top priority

☐ _____   ☐ _____

☐ _____   ☐ _____

☐ _____   ☐ _____

everything else

☐ _____   ☐ _____

☐ _____   ☐ _____

☐ _____   ☐ _____

☐ _____   ☐ _____

☐ _____   ☐ _____

☐ _____   ☐ _____

☐ _____   ☐ _____

☐ _____   ☐ _____

☐ _____   ☐ _____

☐ _____   ☐ _____

to-do list

date:

top priority

☐ _____   ☐ _____

☐ _____   ☐ _____

☐ _____   ☐ _____

everything else

☐ _____   ☐ _____

☐ _____   ☐ _____

☐ _____   ☐ _____

☐ _____   ☐ _____

☐ _____   ☐ _____

☐ _____   ☐ _____

☐ _____   ☐ _____

☐ _____   ☐ _____

☐ _____   ☐ _____

to-do list

date:

top priority

☐ _____ ☐ _____

☐ _____ ☐ _____

☐ _____ ☐ _____

everything else

☐ _____ ☐ _____

☐ _____ ☐ _____

☐ _____ ☐ _____

☐ _____ ☐ _____

☐ _____ ☐ _____

☐ _____ ☐ _____

☐ _____ ☐ _____

☐ _____ ☐ _____

☐ _____ ☐ _____

☐ _____ ☐ _____

to-do list

date:

top priority

☐ _____
☐ _____
☐ _____

☐ _____
☐ _____
☐ _____

everything else

☐ _____
☐ _____
☐ _____
☐ _____
☐ _____
☐ _____
☐ _____
☐ _____
☐ _____

☐ _____
☐ _____
☐ _____
☐ _____
☐ _____
☐ _____
☐ _____
☐ _____
☐ _____

to-do list

top priority

- [ ] _____
- [ ] _____
- [ ] _____

- [ ] _____
- [ ] _____
- [ ] _____

everything else

- [ ] _____
- [ ] _____
- [ ] _____
- [ ] _____
- [ ] _____
- [ ] _____
- [ ] _____
- [ ] _____
- [ ] _____
- [ ] _____

- [ ] _____
- [ ] _____
- [ ] _____
- [ ] _____
- [ ] _____
- [ ] _____
- [ ] _____
- [ ] _____
- [ ] _____
- [ ] _____

to-do list

date:

top priority

- [ ] _____
- [ ] _____
- [ ] _____

- [ ] _____
- [ ] _____
- [ ] _____

everything else

- [ ] _____
- [ ] _____
- [ ] _____
- [ ] _____
- [ ] _____
- [ ] _____
- [ ] _____
- [ ] _____
- [ ] _____

- [ ] _____
- [ ] _____
- [ ] _____
- [ ] _____
- [ ] _____
- [ ] _____
- [ ] _____
- [ ] _____
- [ ] _____

to-do list

date:

top priority

☐ _____ ☐ _____

☐ _____ ☐ _____

☐ _____ ☐ _____

everything else

☐ _____ ☐ _____

☐ _____ ☐ _____

☐ _____ ☐ _____

☐ _____ ☐ _____

☐ _____ ☐ _____

☐ _____ ☐ _____

☐ _____ ☐ _____

☐ _____ ☐ _____

to-do list

date:

top priority

☐ _____ ☐ _____

☐ _____ ☐ _____

☐ _____ ☐ _____

everything else

☐ _____ ☐ _____

☐ _____ ☐ _____

☐ _____ ☐ _____

☐ _____ ☐ _____

☐ _____ ☐ _____

☐ _____ ☐ _____

☐ _____ ☐ _____

☐ _____ ☐ _____

to-do list

top priority

- [ ] _____
- [ ] _____
- [ ] _____

- [ ] _____
- [ ] _____
- [ ] _____

everything else

- [ ] _____
- [ ] _____
- [ ] _____
- [ ] _____
- [ ] _____
- [ ] _____
- [ ] _____
- [ ] _____
- [ ] _____
- [ ] _____

- [ ] _____
- [ ] _____
- [ ] _____
- [ ] _____
- [ ] _____
- [ ] _____
- [ ] _____
- [ ] _____
- [ ] _____
- [ ] _____

to-do list

date:

top priority

- [ ] _____
- [ ] _____
- [ ] _____

- [ ] _____
- [ ] _____
- [ ] _____

everything else

- [ ] _____
- [ ] _____
- [ ] _____
- [ ] _____
- [ ] _____
- [ ] _____
- [ ] _____
- [ ] _____

- [ ] _____
- [ ] _____
- [ ] _____
- [ ] _____
- [ ] _____
- [ ] _____
- [ ] _____
- [ ] _____

to-do list

date:

top priority

- [ ] _____
- [ ] _____
- [ ] _____

- [ ] _____
- [ ] _____
- [ ] _____

everything else

- [ ] _____
- [ ] _____
- [ ] _____
- [ ] _____
- [ ] _____
- [ ] _____
- [ ] _____
- [ ] _____
- [ ] _____

- [ ] _____
- [ ] _____
- [ ] _____
- [ ] _____
- [ ] _____
- [ ] _____
- [ ] _____
- [ ] _____
- [ ] _____

to-do list

date:

top priority

- [ ] _____
- [ ] _____
- [ ] _____

- [ ] _____
- [ ] _____
- [ ] _____

everything else

- [ ] _____
- [ ] _____
- [ ] _____
- [ ] _____
- [ ] _____
- [ ] _____
- [ ] _____
- [ ] _____

- [ ] _____
- [ ] _____
- [ ] _____
- [ ] _____
- [ ] _____
- [ ] _____
- [ ] _____
- [ ] _____

to-do list

date:

top priority

- [ ] _____
- [ ] _____
- [ ] _____

- [ ] _____
- [ ] _____
- [ ] _____

everything else

- [ ] _____
- [ ] _____
- [ ] _____
- [ ] _____
- [ ] _____
- [ ] _____
- [ ] _____
- [ ] _____
- [ ] _____
- [ ] _____

- [ ] _____
- [ ] _____
- [ ] _____
- [ ] _____
- [ ] _____
- [ ] _____
- [ ] _____
- [ ] _____
- [ ] _____
- [ ] _____

to-do list

date:

top priority

☐ _____
☐ _____
☐ _____

☐ _____
☐ _____
☐ _____

everything else

☐ _____
☐ _____
☐ _____
☐ _____
☐ _____
☐ _____
☐ _____
☐ _____

☐ _____
☐ _____
☐ _____
☐ _____
☐ _____
☐ _____
☐ _____
☐ _____

to-do list

top priority

☐ _____   ☐ _____

☐ _____   ☐ _____

☐ _____   ☐ _____

everything else

☐ _____   ☐ _____

☐ _____   ☐ _____

☐ _____   ☐ _____

☐ _____   ☐ _____

☐ _____   ☐ _____

☐ _____   ☐ _____

☐ _____   ☐ _____

☐ _____   ☐ _____

☐ _____   ☐ _____

☐ _____   ☐ _____

to-do list

date:

top priority

☐ _____ ☐ _____

☐ _____ ☐ _____

☐ _____ ☐ _____

everything else

☐ _____ ☐ _____

☐ _____ ☐ _____

☐ _____ ☐ _____

☐ _____ ☐ _____

☐ _____ ☐ _____

☐ _____ ☐ _____

☐ _____ ☐ _____

☐ _____ ☐ _____

☐ _____ ☐ _____

to-do list

date:

top priority

- [ ] _____
- [ ] _____
- [ ] _____

- [ ] _____
- [ ] _____
- [ ] _____

everything else

- [ ] _____
- [ ] _____
- [ ] _____
- [ ] _____
- [ ] _____
- [ ] _____
- [ ] _____
- [ ] _____
- [ ] _____

- [ ] _____
- [ ] _____
- [ ] _____
- [ ] _____
- [ ] _____
- [ ] _____
- [ ] _____
- [ ] _____
- [ ] _____

to-do list

date:

top priority

☐ _____

☐ _____

☐ _____

☐ _____

☐ _____

☐ _____

everything else

☐ _____

☐ _____

☐ _____

☐ _____

☐ _____

☐ _____

☐ _____

☐ _____

☐ _____

☐ _____

☐ _____

☐ _____

☐ _____

☐ _____

☐ _____

☐ _____

☐ _____

☐ _____

to-do list

date:

top priority

☐ _____ ☐ _____

☐ _____ ☐ _____

☐ _____ ☐ _____

everything else

☐ _____ ☐ _____

☐ _____ ☐ _____

☐ _____ ☐ _____

☐ _____ ☐ _____

☐ _____ ☐ _____

☐ _____ ☐ _____

☐ _____ ☐ _____

☐ _____ ☐ _____

☐ _____ ☐ _____

to-do list

date:

top priority

☐ _____   ☐ _____

☐ _____   ☐ _____

☐ _____   ☐ _____

everything else

☐ _____   ☐ _____

☐ _____   ☐ _____

☐ _____   ☐ _____

☐ _____   ☐ _____

☐ _____   ☐ _____

☐ _____   ☐ _____

☐ _____   ☐ _____

☐ _____   ☐ _____

☐ _____   ☐ _____

to-do list

date:

top priority

☐ _____   ☐ _____

☐ _____   ☐ _____

☐ _____   ☐ _____

everything else

☐ _____   ☐ _____

☐ _____   ☐ _____

☐ _____   ☐ _____

☐ _____   ☐ _____

☐ _____   ☐ _____

☐ _____   ☐ _____

☐ _____   ☐ _____

☐ _____   ☐ _____

☐ _____   ☐ _____

☐ _____   ☐ _____

to-do list

date:

top priority

☐ _____   ☐ _____

☐ _____   ☐ _____

☐ _____   ☐ _____

everything else

☐ _____   ☐ _____

☐ _____   ☐ _____

☐ _____   ☐ _____

☐ _____   ☐ _____

☐ _____   ☐ _____

☐ _____   ☐ _____

☐ _____   ☐ _____

☐ _____   ☐ _____

to-do list

date:

top priority

☐ _____   ☐ _____

☐ _____   ☐ _____

☐ _____   ☐ _____

everything else

☐ _____   ☐ _____

☐ _____   ☐ _____

☐ _____   ☐ _____

☐ _____   ☐ _____

☐ _____   ☐ _____

☐ _____   ☐ _____

☐ _____   ☐ _____

☐ _____   ☐ _____

☐ _____   ☐ _____

☐ _____   ☐ _____

to-do list

date:

top priority

☐ _____
☐ _____
☐ _____

☐ _____
☐ _____
☐ _____

everything else

☐ _____
☐ _____
☐ _____
☐ _____
☐ _____
☐ _____
☐ _____
☐ _____
☐ _____

☐ _____
☐ _____
☐ _____
☐ _____
☐ _____
☐ _____
☐ _____
☐ _____
☐ _____

to-do list

top priority

- [ ] _____
- [ ] _____
- [ ] _____

- [ ] _____
- [ ] _____
- [ ] _____

everything else

- [ ] _____
- [ ] _____
- [ ] _____
- [ ] _____
- [ ] _____
- [ ] _____
- [ ] _____
- [ ] _____
- [ ] _____
- [ ] _____

- [ ] _____
- [ ] _____
- [ ] _____
- [ ] _____
- [ ] _____
- [ ] _____
- [ ] _____
- [ ] _____
- [ ] _____
- [ ] _____

to-do list

date:

top priority

- [ ] _____
- [ ] _____
- [ ] _____

- [ ] _____
- [ ] _____
- [ ] _____

everything else

- [ ] _____
- [ ] _____
- [ ] _____
- [ ] _____
- [ ] _____
- [ ] _____
- [ ] _____
- [ ] _____
- [ ] _____
- [ ] _____

- [ ] _____
- [ ] _____
- [ ] _____
- [ ] _____
- [ ] _____
- [ ] _____
- [ ] _____
- [ ] _____
- [ ] _____
- [ ] _____